운문호일雲門好日

국립중앙도서관 출판예정도서목록(CIP)

운문호일 : 이혜선 시집 / 지은이: 이혜선. — 대전 : 지혜
 : 애지, 2017
    p. ;   cm. — (J.H classic ; 013)

한자표제: 雲門好日
ISBN 979-11-5728-231-9 03810 : ₩10000

한국 현대시[韓國現代詩]

811.7-KDC6
895.715-DDC23   CIP2017013107

J.H CLASSIC 013

운문호일雲門好日

이혜선

시인의 말

나날이 좋은 날을 위한 사랑의 시

2년 전에 펴낸 시집 『새소리 택배』의 후기에서 나는 '시는 이상주의자의 꿈꾸기'라고 했다.

이번 시집의 원고를 정리하다 보니 그 '꿈꾸기'가 더욱 '사랑' 쪽으로 기울어진 것을 볼 수 있었다.

시인의 기본적인 책무가 자아성찰自我省察과 측은지심惻隱之心 이라고 할 때 자아성찰도 중요하지만, 삶에 연륜이 쌓이면서 '나'라고 하는 아집과 아만심을 허물어버리고 더욱 큰 사랑-모든 타자와 우주와 두두물물頭頭物物을 껴안을 수 있는 사랑(측은지심)의 가슴이 더욱 세상을 밝게, 아름답게, 살만한 세상으로 만드는데 작은 디딤돌, 징검돌이라도 될 수 있지 않을까 하는 생각이 들었다. 물 흐르듯 흘러가는 나날의 삶에서 우리에게는 사랑할 시간이 많지 않고, 노래할 시간도 많지 않기 때문이다.

그런 의미에서 이번 시집은, 나 자신에 대한 사랑, 가장 가까운 가족과 지인에 대한 사랑, 그리고 내가 알고 있거나 알지 못하거나, 생명 있거나 생명 없거나, 존재하거나 존재 너머이거나 모든 '세계'에 대한 사랑의 시를 중심으로 한 사랑시집이라고 할 수 있겠다.

이 작은 시집이 보다 많은 사람들에게 읽힘으로 해서 나와 내 이웃들이 생을 영위하고 있는 이 '세계'가 기쁨이 충만한 살만한 세상이 되고 나날이 더 좋은 날-운문호일雲門好日이 되기를 바라고 또 바란다.

2017년 햇살이 신록과 사랑에 빠진 날
이 혜 선

차례

시인의 말 —————————————— 5

1부 해의 심장을 찔렀다

코이법칙 ————————————— 12
날마다가 봄날 ————————————— 13
숲 속 마을에는 ————————————— 14
흘린 술이 반이다 ————————————— 15
아라홍련 꿈 밖의 꿈 ————————————— 16
디오게네스달팽이 ————————————— 18
걷는 남자를 위한 연가 ————————————— 19
운문호일雲門好日, 정화수 ————————————— 20
운문호일雲門好日, 마른 닭뼈 ————————————— 21
해돋이 ————————————— 23
해넘이 ————————————— 24
다랑논 식구들 ————————————— 25
타인능해他人能解 ————————————— 26
구보씨의 허기증 ————————————— 27
수탄장 ————————————— 28

2부 붕정만리鵬程萬里

흰눈 푸른 눈 ──────────── 32
명왕성이 뜬다 ─────────── 33
간월看月 ─────────────── 34
붕정만리鵬程萬里 ──────────── 35
동그라미가 되고 싶다 ─────── 36
와해, 그리고 ───────────── 37
마고할미 ──────────────── 39
유혹, 그 시작 ──────────── 40
불이不二, 트리나 포올러스의 애벌레기둥 ── 41
미륵사 절터 ──────────── 42
색色을 먹고 공空을 낳다 ─────── 43
신발 한 짝 품에 안은 게르트루트 ── 45
운문호일雲門好日, 풍경소리 ─────── 46
운문호일雲門好日, 겨울나무 ─────── 47
운문호일雲門好日, 꿈 너머 꿈 ─────── 48

3부 벚꽃탄환

2월, 꽃샘을 파다 ──── 50
텔레파시 ──── 51
상사초, 나의 별에게 ──── 52
벚꽃첫사랑 ──── 53
벚꽃탄환 ──── 54
꽃무릇강물 ──── 55
은하의 충돌 ──── 56
초록초록 오월 ──── 57
무지개공장 ──── 58
새싹이 돋는 이유 ──── 59
화음 ──── 61
불이(不二), 끌어당기는 ──── 62
꽃피우기 ──── 63
사람의 마을 ──── 64
벽 ──── 65
검정고무신 ──── 67

4부 저 산에 강물에

새우젓사랑 ──────────── 70
가시연꽃 ───────────── 71
새 세상 열어갈 너에게 ─────── 72
저 산에 강물에 ────────── 73
질마재 기다림 ─────────── 74
마른 새우등 ──────────── 76
14세 안소저 ───────────── 77
사투리로 운다 ─────────── 79
지동댁 셈법 ──────────── 81
아바타를 만들다 ─────────── 82
사람이 됐는데요 ─────────── 83
보름달의 이사 ─────────── 85
찌륵찌륵 개골개골 ────────── 87
별로 꽃으로 ──────────── 88
휘파람의 집 ──────────── 89
클림트를 기다리며 ─────────── 90
돈키호테 일기 ─────────── 91

해설 • 운문호일雲門好日의 시와 언어의 통어력 • 김종회   94

• 일러두기
한 연이 첫 번째 행에서 시작될 때는 > 로 표시합니다.

1부

해의 심장을 찔렀다

코이법칙

코이라는 비단잉어는

어항에서 키우면 8센티미터밖에 안 자란다

냇물에 풀어놓으면

무한정 커진다

너의 꿈나무처럼,

날마다가 봄날

돋아나는 새풀에게
길가에 핀 민들레에게
마냥 웃음 흘리고 다녀도
실없다 하지 않고 품어주는

귀 맑은 햇살이랑
세상에서 가장 청맑고 빛나는
웃음오리

평생 퍼낼 수 있는
종신보험통장에 저축해놓았다

세상에서 제일가는 부자
날마다가 봄날

그냥 실실
그냥 빙그레
그냥 활짝 웃음이 나오는
날마다가 봄날

숲 속 마을에는

숲 속에는 나무들이 모여 산다
큰나무 밑에는 작은나무가
작은나무 밑에는 귀염둥이 풀꽃이
꽃 피우며 줄기 뻗어 어울려 산다

숲 속에는 나무들이 모여 산다
큰나무는 작은나무 손 잡아주고
작은나무는 앉은뱅이 풀꽃들 일으켜주고
꽃 피우며 웃으며 어울려 산다

숲속만 들어가면 햇살은 웃고
아랫도리 다 드러낸 채 여울물도 웃는다
숲속에선 철마다 웃음꽃 핀다
숲속에선 울음도 꽃으로 핀다

흘린 술이 반이다

그 인사동 포장마차 술자리의 화두는
'흘린 술이 반이다'

연속극 보며 훌쩍이는 내 눈, 턱 밑에 와서
"우리 애기 또 우네" 일삼아 놀리던 그이
요즘 들어 누가 슬픈 얘기만 해도
그이가 먼저 눈물 그렁그렁
오늘도 퇴근길에 라디오 들으며 한참 울다가 서둘러 왔다는 그이

새끼제비 날아간 저녁밥상, 마주 앉은 희끗한 머리칼
둘이 서로 측은히 건네다 본다

흘린 술이 반이기 때문일까
함께 마셔야 할 술이
반쯤 남았다고 믿고 싶은 눈짓일까
안 보이는 술병 속에,

* 삶의 고개를 반쯤 넘다가 문득 뒤돌아보면, 술자리에서 흘려버린 술처럼, 평범한 나날의 귀한 보물을 헛되이 흘려보내버렸다는 생각을 할 때가 있다.
그 삶의 길에서 미우나 고우나 곁에 있는 동반자와 함께 남은 삶의 도화지에 아름다운 그림을 그려야 하는 과제가 우리 앞에 있다. 그 과제를 수행할 수 있는 나날이 안 보이는 술병 속에 얼마나 남아 있는지 알 수 없지만… 삶이란, 생명이란, 언제나 알 수 없는 미지수이기에…

아라홍련 꿈 밖의 꿈

찰진 아라가야 깊고 깊은 진흙 속에 내 몸을 묻고
그대 오실 날만 헤며 기다렸지요
그리 깊었던가요
내 속에 그댈 품고 잠든 날들이,

꽃잎 하나에 일백 년 삼만 육천 오백 날
또 꽃잎 하나엔 일 만 시간 일 억 시간, 잠 속에서도 행복했어요
열두 겹 분홍날개 열어 노란 암술 위에 살며시 닿아 깨워줄 그대
입술, 기다리던 그 시간들이,

칠백 년 쉬임없이 쇳물 피워올린 아라가야 꽃불 속에 나 비로소
눈 뜨는 오늘
이 순간을 바라 캄캄 시린 어둠 밝히며
숨을 멈추었지요
하늘 품는 꿈 밖의 꿈을 꾸었지요

그대 앞에 바치는 찰진 진흙마음
해를 품은 아라낭자의 사랑
천년만년 굽히지 않는 푸른 받침대
연분홍 연연한 봉오리로

나 이제 꿈 밖에서 다시 꿈꾸어 올리오리다
그대와 나, 우리 아이들이 달려갈 영원한 아라가야
새하늘 새땅을,

* 아라홍련 : 함안 성산산성城山山城 안에 있는 연못에서 수습된 700년 전 고려시대 연씨가 발아하여 피운 연꽃.

디오게네스달팽이

지하철 계단에서 그 사람을 만났다
어깨에 걸머멘, 몸보다 큰 통가방
터진 지퍼 틈새로 삐죽이 내다보는
철 지난 얼굴

나선형 등껍질 속에 몸 오그려 넣고
더듬이 곧추세워 더듬더듬 기어가는 달팽이
맨몸 찰싹 땅에 붙여 기어가는 민달팽이

지하철 계단에 끈끈한 점액 묻혀가며
이루지 못한 꿈 부스러기 흘려가며
길 없는 길 기어오르는 디오게네스달팽이

잊고 있던 내 마음 속 그 사람을 만났다

햇빛 한 줄기 찾아
천지가 내집인 달팽이
느려도 늦지 않은 달팽이*

*정목스님의 『달팽이가 느려도 늦지 않다』에서 차용.

걷는 남자를 위한 연가

다 저녁 무렵
동대문시장 지하철역 작은 광장에
색소폰 소리가 울려퍼진다
작은 나팔소리도 울려퍼진다

크고 작은 나팔 속에서 걸어나온 소리의 손가락이
뼈만 남은 사람들 가슴을 어루만지며 통통 뛰어 다닌다
또 한 해를 살아내느라 땡볕에 피가 다 말라버린
키만 삐죽 솟은 마른 풀대를 쓰다듬어준다

어둠살 잡히는 한 해의 저녁 무렵
야윈 몸속에서 마음의 긴 다리가 먼저 달려나온 사람들
자코메티의 '걷는 남자'가 되어 휘적휘적

먼지 속의 발길 멈추고
환한 불빛, 뒤돌아본다

운문호일雲門好日, 정화수

새해 새 아침에 떠놓은

정화수

벌겋게 달군 부젓가락으로

해의 심장을 찔렀다

물의

심장이 불타오른다

* 운문호일雲門好日 : 벽암록碧巖錄 제6칙, 날마다 좋은 날이 되게 해야 한다는 운문화상의 법문.

운문호일雲門好日, 마른 닭뼈

닭튀김을 먹고 남은 뼈를
뒷마당에 널어 말린다

맑은 가을볕손가락이 뼈들을 바짝 바짝 말린다
길고 짧은 뼈들을 속속들이 말린다

제자들과 길을 가던 석가모니는
길가의 마른뼈 무더기를 보자 그 앞에 절했다지
몇 생 전前 부모의 뼈인지도 모른다고
검은뼈 흰뼈 삭은뼈 덜 삭은뼈에 공손히 절했다지

나도 오늘
말라가는 닭뼈에 마음으로 절한다
몇 생 전 부모님 뼈,
몇 생 후의 나의 뼈,

굽이굽이 휘어지는 강물의 흰뼈가 보인다
산비탈 오르며 미끄러져 주저앉는 뒷모습
굽어진 구름의 등뼈가 보인다
뒤틀린 바람의 무릎관절이 다 보인다

\> 　바람 든 이승의 무릎 꿇고 다시금
　마른 닭뼈에 절한다

해돋이

그 여자

눈동자에 불이 화라락

젖가슴이 탱탱해졌다

온몸에 새싹 돋아났다

그 남자의 눈짓 한 번에,

해넘이

그 남자

중심축이 기우뚱

얼이 빠져

세상이 캄캄해졌다

그녀의 한숨 한 번에,

다랑논 식구들

의좋은 형제들처럼
층층이 포개져 손에 손을 잡고 누워 있는 겨울 다랑논
그 옆으로 총총 어깨 겯고 앉아있는 마을의 지붕들

푸른 하늘과 바다에서 넘쳐나는
세상에 가득한 평화와 사랑의 눈발이
마을을 포옥 덮어주고 있습니다

오늘도 하루 해가 저물었습니다
여늬 때와 다르지 않은 빛과 그림자의,

기쁨에 빛나기도 하고
슬픔에 눈물 흘리기도 하는,
종종걸음치는 신발들의,
하루치의 삶을 살아내었습니다

바닷가 파도 거센 마을에 엎드려
잡은 손 놓지 않는 다랑논 같은 시간
그 다랑논에 엎드려 김매는 흰 수건의 뒷모습 안아주고 싶은
오늘 하루도 안식 속에 저물어가는,
다랑논 식구들의,

타인능해 他人能解

손잡이를 돌리면 쌀이 쏟아진다
큰 나무뒤주에서
하얀 이밥이 쏟아진다

이틀을 굶고 눈이 퀭한 내가 조심조심
손잡이를 돌린다, 맨발의 어미가 멀찍이 자루 들고 서 있다

오늘도 낙안들을 찾는 사람들
텅 빈 마음자루 들고 손잡이를 돌린다

큰 나무뒤주에서 쌀이 쏟아진다
섬진강 넓고 따뜻한 인정이 끝없이 쏟아진다

* 타인능해 : 낙안 군수 류이주가 운조루運鳥樓에 설치한 (쌀 두 가마니 반이 들어가는) 뒤주에 '타인능해'라고 써놓고 누구나 열어서 가져가게 했다.

구보씨의 허기증

여보, 밥 먹자
아침에 일어나 눈만 마주치면 첫마디,

퇴근해서 현관에 들어서면 첫마디, 밥 먹자

태어난 지 엿새만에 흥남부두
미군 수송함 타고 칼바람 맞으며
거제도로 피난 가서, 젖배 밥배 다 곯은 구보씨

뜨신 방에 털옷을 입어도 늘
추운 그 아이

배불리 먹어도 늘
배고픈 그 아이

칠십이 다 돼도 그 아이가 언제나 도사리고 앉아 있다

얘들아 문 닫아라
여보 밥 먹자!

수탄장

오늘은 너를 만나러 수탄장愁嘆場*에 가는 날이다
소나무 아래 늘어서 있는 너의 옷자락이 어서 오라 나부낀다

바람 불어오는 쪽을 등지고
저만큼 떨어져서 네가 서고
너를 스쳐오는 바람을 맞으며 철조망 앞에 내가 선다
나의 병균이 바람에라도 실려 네게로 갈까 염려해서다

너를 어루만지고 내게로 불어오는 향그런 내음을
크게 들이마신다, 뭉그러진 코로

내 딸아, 싸늘한 바람의 손 아니라
따스한 네 손을 잡고 싶다
네 복숭아볼에 내 볼을 부비고 싶다, 살과 살이 닿고 싶다
나도 모르게 손을 뻗어 허공을 붙잡는다, 너의 꽃잎을 안는다
내 입술이 네 뺨에 닿기 전에 뭉그러지고 비뚤어져 버린다

내 딸아, 비뚤어진 입술로 나는
네 이름을 똑똑히 부를 수 없다
진물 흐르는 이 손으로 너를 안을 수는 더더욱 없다

진물 흐르는 이 발을 떼어 네게로 갈수가 없다

가슴 가득 안았던 꽃잎을 놓아주고
예쁘게 잘 자라고 있는 너를 바람에게 맡기고
빈손으로 나는
돌, 아, 선, 다,
겉보기엔 담담한 모습으로, 내딴에는 잰 걸음으로,
수탄장을 떠난다

* 소록도 수탄장: 환자인 부모와 미감아 자녀가 한 달에 한 번 만나던 곳.

2부

붕정만리 鵬程萬里

흰눈 푸른 눈

눈 쌓인 하남시 천현동 '궁중악기'에서 하룻밤을 새웠다

잠자리에 누웠는데 어디서 자꾸 울리는 소리들

나를 흔들었다 스믈스믈

내 영혼갈피를 기어다녔다

밖에는 소리 없이 또 눈이 내렸다

눈 그친 하늘에 별이 총총했다

소리들의 눈이 총총 내려다보았다

명왕성이 뜬다

봄 오면 보랏빛 눈물송이 뚝뚝 지고
가을 오면 둥근열매눈물로 뚝뚝 지는 나무

귀 밝은 사내 하나 물관부에 흐르는 그 마음 알아듣고
한 생을 바쳐 갈고 닦은 나뭇결 윤나는
열두 줄 명주실 가락, 내 손끝에 실려 천년바람 불어나온다
죽어서야 비로소 가지는 제 소리 애닯은,
흥에 겨운 제 가락

바람소리 산울음 물울음 소쩍새노래
둥기둥 둥둥 둥 둥
웃녘 저수지에 해 머금은 명왕성이 뜬다
눈물 머금은 큰 별 귀 밝은 그 사내

오동꽃 보라꽃 지는 밤
머리맡 바람벽에 세워둔 열두 가야금
열두 가닥 명주실에서 제각기
비어있는 절터 한 채씩, 파르라니 걸어나오는
그 속소리를 듣는다

간월看月

간월암 동쪽 문살 안에서
문살 사이로 뜨는 달을 본다

흩날리는 눈송이 따라 내려와
내 마음 속에 태어나는 무수한 달

인등불 따라 반짝이며
저승길까지 밝혀주는 달

다 저녁때
혼자 돌아서는 쓸쓸한 갯벌 위로 따라오는 달

어릴적 살구나무 아래 쪼그리고 앉아 하루 종일 울던
엄마 잃은 아이에게
괜찮다 괜찮다, 등을 토닥여주는,

첩첩 닫힌 마음문살 활짝 열어젖히는,

붕정만리 鵬程萬里

푸른 날엔

활활

한 번에 다 불타고 싶었다

오늘은

동학사 입구

미타전에 핀 단풍잎

어여쁜 꽃을 바라본다

새벽빛 머금고

불타는

노을을 바라본다

동그라미가 되고 싶다

꽃과 사랑을 나누는
참 좋은 봄비가 되고 싶다

말 없는 지렁이와 굼벵이의
눈짓을 알아듣는
길이 되고 싶다

가랑잎 바스라진 몸
몸으로 덮어주는
첫서리가 되고 싶다

강물심장에 내려
하나 되어 퍼져나가는
눈송이가 되고 싶다

동그라미가 되고 싶다

와해, 그리고

나는
끝없이 무너져내린다

사팔뜨기 나의 눈
향기 모르는 코, 어둠만 파먹는 입
비뚤어진 입술

모두 무너져내린다

꽃 한 송이 피우려 허우적이는
하늘연못 밟아보는
나의 두 손
손톱 속 반달이 초승달을 키워
무너진 담장에 작은 그림을 그린다

밤이 오면 나는 또
그림 속 꽃나무 아래서
쪼그리고 앉은 채 무너져 내리겠지만,

가장 낮은 자리에서

날개날개 무너져 내리겠지만,

사팔뜨기 나의 눈
향기 모르는 코, 어둠만 파먹는 입
가장 낮은 자리에서
날개날개 날아오르겠지만,

* 와해 : 이란의 화가 사미라 압바시의 그림.

마고할미

깨밭을 매다가
깨꽃송이마다 매달아놓고
몸만 돌아온 할라프 어머니*

아들딸 많이많이 낳아서
저 넓은 세상을 물려주어야지
나는 영원히 너희를 낳는 어머니

너희 양식은 걱정말아라
내 몸을 먹고 크기만 해라
내 젖과 두 팔과 허벅지가 이리 튼실하니,
내가 낳아놓은 강물과 바다와 들판이 저리 유유하니,

백만년 후에도 억겁 후에도
내몸을 먹고 크거라
깨꽃송이마다 피어나는

내 사랑을 먹고 크거라
하늘 따에 그득한 나의
웃음을 양식 삼아 그저 창창히 흐르거라

* 차가르 바자르(시리아)의 다산의 상징 '할라프(기원전 6000–5000년) 신석기 여인상'.

유혹, 그 시작

브라질 세라도 초원에 단비가 내린다
광활한 초원 여기저기 우뚝우뚝
흰개미집, 2미터가 넘는 흙기둥이 솟아난다
흙기둥 촘촘한 구멍마다 흰개미 단란한 가족이 깃들인다

밤이 되면 갑자기 변신하는 흙기둥
파란불 빨간불이 반짝반짝 빛난다
발광 딱정벌레 유충이 황홀한 빛으로
흰개미 가족을 유인해서 한입에 삼킨다

유혹에 눈이 먼 내 머리가 통째로
딱정벌레 유충의 입으로 들어간다

여기저기서 번쩍번쩍 황홀한
네온싸인 세례에 젖어
문명의 좀비가 된 내 머리가 통째로
유충이 된다

중중무진연기重重無盡緣起의 시작이다

불이㈜, 트리나 포올러스의 애벌레기둥

애벌레기둥*을 타고 오르는
곱추 사내와 난쟁이 여인이 있다

애벌레기둥을 오르다가
아까 만났던 정다운 동무의 정수리를 꾸욱 밟고,
그와 눈 마주치면 안 된다는 것
애초부터 그들은 알고 있었다
애벌레기둥 맨 꼭대기에는 허공밖에 기댈 데가 없다
사다리는 어디에도 없다는 것

내려가는 계단을 알지 못하는 그들은
풍선이 되어 둥둥 떠올랐다
몸뚱이에 가득찬 바람으로
드디어 온 몸이 부풀어 올랐다

바람난 바람을 등에 지고 그들은
오늘도 무너지는 애벌레기둥을 오르고 있다

노랑나비는 아직 날아오지 않는다

* 트리나 포올러스 作 '꽃들에게 희망을'에서 가져옴.

미륵사 절터

깨져 이끼 낀 기왓장 위에 앉아

오래 놀던 적막이

바람을 깨운다

설핏 깨어난 구름

목이 긴 망초꽃 간질이며 노는 햇살 옆구리에

부처님

그림자 하나 떨구고 간다, 어제처럼

색色을 먹고 공空을 낳다
— 달항아리

씨앗 하나 달처럼 둥글어져요
어둔 구석 웅크린 그대 어깨를
다 쓰다듬어요

씨앗 하나 달처럼 환히 들여다 보였어요
너무 밝아 눈부신, 그대 눈동자를
다 쓰다듬어 감겨주어요

씨앗 하나 달 속으로 들어갔어요
항아리가 더 넓어졌어요
울도 담도 없는 항아리가 되었어요
울도 담도 없는 세상이 되었어요

비어있는 달이 그득 차올라
그대를 품은 달이 그득 차올라

어느덧
사라졌어요 초승달도 그믐달도,
어느덧
사라졌어요 그대도 나도,

\> 보이지 않는
흰 불꽃 한 송이가 피어나요

신발 한 짝 품에 안은 게르트루트

대숲에서 해종일 풀국새 울던 날 '이기고 돌아오마' 맹세하며 떠난 국군 의용군 사촌형부는 전쟁 끝나 육십 년 지나도 소식이 없다

닳아빠진 손가락호미 자갈밭 후벼내며 허리 펴지 못한 언니는 그날부터 풀국을 끓이며 천지사방 절하며 살았다 나무에 절하고 마구깐에 절하고 비알밭에 절하고 모래알에 절하고 황토흙에 절하고 '부디부디 돌아오소' 우물마다 흔들리는 댓잎그림자 달은 무엇 하러 그리 자주 밝던지 꽃은 또 무엇 하러 봄마다 피는지 문풍지마다 떨리던 숱한 발자국소리 밤마다 여린 심장 밟고 가는 신발 한 짝 품에 안고 언니마저 흙이 된 지 삼 년째, 전사 통지서도 뼈 한 조각도 없이 올해도 어김없이 그날은 오는데 우리 언니 저승에서 오늘도 깨꽃송이마다 절하고 있는지…

오늘도 뒷산 대숲에서
풀구욱 풀국
풀국새 저 혼자 풀국을 끓인다

* 칼 야스퍼스는 나치 정권하에서 아내 게르트루트 마이어를 위해 하이델베르그대학 교수직과 해외 망명 기회를 포기하고 게쉬타포의 감시를 받았다. 그런데 우리나라의 '게르트루트'는 안아볼 뼈 한 조각 없이…

운문호일雲門好日, 풍경소리

살을 벗은 물고기가

내장도 다 벗은 물고기가

밤마다 가시멍석 위 맨발로 노래한다

퍼렇게 멍든 이끼가슴 남몰래 잉걸불로 꽃피운다

재만 남은 맨발에서 새잎이 돋아난다

하늘강물 걷는 알몸 그 사내, 잉걸불 노랫소리 탄다

운문호일雲門好日, 겨울나무

뼈 하나로 꼿꼿이 눈 속에 서서

명상에 드는

성자

운문호일雲門好日, 꿈 너머 꿈

우리 함께 꾸는 꿈이 비록
꿈속의 꿈이라 해도

우리 아이들이 달려갈 영원한
새 하늘 새 땅을,

우리는 꿈 꿀 수밖에 없어요
꿈 너머 꿈을

아이들 꿈속의 또 꿈속의 그 하얀 도화지에
찍혀갈 검은 얼룩을 지금 우리가 환히
보고 있다 해도,

3부

벚꽃탄환

2월, 꽃샘을 파다

풀리는 햇살 속에 들길에 나선다

폭포수로 내리쬐는 사랑의 빛살

아지랑이 속에 몸피 불리는 개울가 버들강아지

망울마다 쓰다듬는 햇살손가락

그 사랑 갚으려고 샘 하나 판다

벙그는 매화꽃망울 속 꿀벌 되어, 머리 파묻고

당신의 분홍빛 심장에 꽃샘 하나 판다

지지 않을

화인 하나 새겨 놓는다

텔레파시

이 겨울,

선암사 뒷마당

몸피 검은 매화나무

날 기다려

하얀 눈망울

눈 속에

부풀리고 있을까

잠든 들녘, 강을 건너

눈발이 달려온다

너의 눈이 내게로 와서 반짝인다

상사초, 나의 별에게

캄캄한 강물이 먼 별빛하늘을 받아 안고 있네요
가슴 풀어 함께 흘러가네요

아득한 바다 건너
우주 한 모서리에 그대 웃고 있어
나의 살구나무 뿌리가 숨을 쉽니다

그대 생각만 해도 내 마음
사십오억 년 식어버린 운석에 온기 돌고
돌의 심장 근처 어디쯤
살구꽃잎 꽃잎들 웃으며 날립니다

함께 꿈꾸던 어린 기억이
동짓달 찬 하늘 기러기 언 발을 녹입니다
동화 속 첫눈으로 내립니다

바라건대 해와 달이여
은하수 건너는 조각배 하나
글썽이며 반짝이는 그대 눈짓, 견딜 수 없어
살구나무 맨살에 내리는 겨울햇살이여,

벚꽃첫사랑

벚꽃잎 꽃비 되어 날리는 꽃길

꽃잎 꽃잎 마주선 꽃가지끼리
손잡는 걸 보아버렸어

다섯 날 꽃잎입술 포개어
긴 속눈썹 살포시
눈 감는 걸 보아버렸어

가슴 섶으로 살며시
웃음 띈 얼굴 다가오더니

입술에 문 꽃잎 어느새
내 손을 잡아버렸어

첫사랑 실개울 맑은 물소리
물에 비쳐 포개지는
달그림자 별그림자
내손을 잡아버렸어

벚꽃탄환

너를 향한 내 마음이
새 전투복을 갈아입는다

연분홍 탄환 가지마다 장전하고
굳어 가는 너의 사랑핏줄 향해 일제히
기총소사!

검버섯 핀 나이테 골골이
하얀 핏방울 낭자하다

핏방울 하얀 너울 속으로
쟁강쟁강
오색 별들이 뛰어내린다

연분홍 벚꽃탄환, 모두 명중이다

꽃무릇강물

불갑사 꽃무릇을 보러갔었네
산문山門을 저만치 두고
푸른 가을하늘 아래 무더기지어
불 지피는 꽃무릇

내 마음 그 불길에 옮겨 붙어
그대 향한 그리움 삼십삼천 건너 옮겨 붙어
푸른 고갱이 속으로 번져가네
번져가네, 타는 그 하늘바다

길어진 모가지
지귀志鬼의 야윈 가슴
손짓해도 아득히 먼 그대 향기의 강물
한 발자국도 건너지 못하고

저 홀로 불타버린 붉은 상사화

탑 그림자 예와 같이 서늘한데,
산문은 저만치 홀로 서 있는데,

은하의 충돌

너 하나 만나려
10조년을 기다려왔다

허공에 손짓하고 또 손짓해
하늘 가로질러 놓이는 빛의 사다리 건너
오직 목마른 이름 하나 부르며
나 여기 왔다, 이날 이때껏
목숨 사위어왔다

무수한 빛의 잔치 뒤안길에서
캄캄 어둠의 칼로
홀로 살과 뼈 저미내며
충돌하여 깨어질 오직 너 하나
깨어져 하나될 너를 만나러

천만년에 또 천만년을
빛의 어둠 온몸으로 쓸며 걸어왔다
밝아서 더욱 어두운 그림자 이끌고
나 여기왔다 내사랑

* 우주에서 가장 웅장한 사건은 별의 대집단인 은하끼리의 충돌이라 한다. 두 은하가 정면으로 충돌하면 급격한 중력장의 변동에 의해 두 은하는 하나로 합체된다. 은하끼리의 만남에 의해 은하는 마치 살아있는 것처럼 그 모습을 바꾼다. 인간의 사랑의 힘은 이보다 더 웅장하고 위대한 것 아닐까?

초록초록 오월

동섣달 찬 하늘 별빛 달빛 받아
풀씨 한 톨 심었네
꽃씨 한 톨 심었네

어둠 속 하염없이 떠돌던 영혼꾸리 갈피갈피
지새는 한밤 금이 간 내 검은 뼈와 살 속
잎새와 줄기와 연푸른 갈비뼈 대궁이
은밀한 욕망의 검푸른 뿌리숲까지

초록 피로 그득 차오르네

초록초록 가지마다 너의 얼굴이
꽃송이 송이마다
웃으며 내다보네

먼 데 초록강이 초록겨울산을 안고 흐르네

무지개공장

땅속에는
무지개색깔 만드는 공장이 있나봐요

겨우내 색색깔 예쁜물을 퍼올리고
기계를 반들반들 닦아놓고
기다리다가

봄이 오면
시이작!
나무마다 무지개를 걸어놓아요

노란 개나리 연분홍 벚꽃 진분홍 진달래
보라색 제비꽃 자주색 철쭉꽃

풀마다 나무마다
무지개꽃대를 뽑아올려요

새싹이 돋는 이유

오늘도 나는

들판으로 나간다

맨몸 빈 마음으로

들판에 누워 그대 기다린다

그대 하늘빛

별빛으로 내려와

야윈 입술 긴 손가락

닿는 곳마다

내 알몸 구석구석 살이 트고

뼈 속 깊이 길이 열린다

\>

새싹 돋아난다

상처 아문 붉은 꽃

꽃이 진 자리마다 새파란

새싹 돋아난다

화음

양지바른 언덕 위

살구나무 한 그루

연분홍 꽃등불 밝히고 서 있다

그 옆에

반쯤 허물어진 초가집 한 채

찌그러진 사립문 아래

개미들이 먹이 물고 줄 지어 드나드는,

살구나무 등이 따스한

봄볕 한 나절

불이不二, 끌어당기는
— 박순 그림에 부쳐

아득한 벌판 끝, 그림자 지는 산 아랫마을에
탑 하나 솟아있다

지난 밤 꿈 속, 내 눈썹을 적시던
이슬눈빛이다
이슬강 건너가는
하루살이 눈빛이다, 허물 벗어놓고 간
이승의 기억, 끌어당기는

탑의 지붕은 보이지 않고
너의 눈짓만 벌판을 건너온다
기억, 끌어당기는

꽃피우기

스마트폰도 가끔 제 속을 비워야

새로운 앱을 받는다

바위도 때로는 제 속을 비워야

빗물을 받아 안는다

먼지라도 안아야

제비꽃을 피운다

사람의 마을

산은 고단한 귀를 접고
순한 짐승이 되어 엎드렸다
웅크린 발치에서
따뜻한 숨소리가 새어나온다

기슭에
사타구니에
사람들이 사는 동네를 품었다

등짐을 지고 어깨로 어둠을 밀며
고샅길로 들어서는 발자국 하나

동네 맨 끝집에서
누렁이가 낑낑 꼬리치는 소리
처마 끝에 등불이 높게 내걸린다

사람의 마을에는 하나둘 불이 켜진다
불빛이 어둠옷을 입고 점점 밝게 살아난다

벽

유명을 달리했다하여 그를
두 손 모두어 묶어 딱딱한 나무관 속에 넣고 또
이글거리는 삼천도의 불속에 밀어넣고
산 사람들은 모여 앉아 밥을 먹는다
설렁탕 비빔밥 오뎅백반…
눈물 씻던 손으로 골라가며 밥을 먹는다, 우적우적 깍두기도 씹으며

어제까지 손잡고 다정하게 부르던 이름
큰 웃음소리
귓전에 따뜻한데
그는 어느새(우리가 밥을 먹던 한 시간 반만에)
한 줌 재

벽 저쪽의 스피커로 양순호씨! 하고 부르기에
달려가 큰 유리문 앞에 서니
마스크 쓴 남자 하나 벽 안에서
하얀 뼈들을 항아리에 차곡차곡 담고 있다
'이 뼉다귀가 양순호씨가?'
남편 이름 부르며 작은 언니, 아무 표정 없이 쳐다보고

입속말로 중얼거린다

'며칠 후 며칠 후 요단강 건너가 만나리'
찬송가 두어 곡속에
순식간에 '벽' 속으로 들어가 앉은 항아리
편안히 자리 잡은 그 항아리 앞에
묵념 한 번으로 제각기 자기의 '벽' 속으로
돌아왔다 우리들은

우리들 속의 그를
낯선 작은 항아리,
벽 속에
혼자 두고

검정고무신

6 · 25 전쟁 통에
저마다 살길 찾아 남으로 남으로 내려가는 피난민 틈서리
눈 덮힌 기차 지붕 위에 아빠가 간신히 밀어올린 일곱 살 동생이
언 땅바닥에 굴러 떨어졌다

소금 친 주먹밥 한 입 베어 물고
입술에 얼어붙은 밥풀 묻힌 채 덜덜 떨며 졸다가,
내 손 놓고 미끄러져 즉사한 동생을 묻어주지 못하고
기차는 흰 연기 뿜고, 길게 울며 떠났다

피난민 보따리 사이 부대끼며 치이며
부산역에 내려선 내 발등
우격다짐으로 바꿔 신은 새 고무신 위에서
눈물 어린 눈동자가 나를 빤히 바라보았다
찢어진 내 고무신 걸치고 미끄러진 동생의 눈동자,

그날, 영하 20도의 길바닥에 버리고 온
무덤도 없는 동생, 내 가슴 속 무덤 앞에
나는 해마다
검정고무신 한 켤레 곱게 닦아놓는다

4부

저 산에 강물에

새우젓사랑

소금물 속에 녹아

살과 뼈 다 내주고

까만 눈만 뜨고 기다리는 새우

새우몸을 받아 안아

제 살과 뼈 함께 녹여

흔적 없이 사라지는 소금

둘이 무르녹아 사라진 뒤에

태어나는 둥근 항아리 하나

가시연꽃

내 몸 속 파문이 동개동개
가시 물결 위에 떠 있다

연두빛 물결 위에 연두빛 파문
보랏빛 물결 위에 보랏빛 파문

둘러보아도 모두 불타버린 가시물결 위에
그대 그리는 몸짓이 대궁이 속 씨앗으로 자라나
가시받침 뚫고 나온 진홍빛 심장이 폭죽이다

촘촘히 제 가슴 찌르는 푸른 잎의 열망
파문지어 피어나는 화살의 열망

내 맘 속 깊은 방에 홀로 타는 진홍빛 불꽃 한송이
초승달 만나러가는 오늘밤은
가시를 활짝 열어놓는다

새 세상 열어갈 너에게

'대밭으로 가거라'
어느날 우주 저편에서 소리가 있었지

거역 못할 그 소리의 힘에 이끌려 단숨에 달려간 우거진 청대 숲 속에 예쁜 알이 두 개 있었지 아버지의 아버지의 아버지께서 터 잡아 일가 이루신 곳 모진 동족상잔에 불타버린 그곳, 옛터에 새 집 지어 알토란같은 새끼들 품으시던 집 대문도 사립문도 아예 없던 그 집 함박꽃만 함박만큼 웃으며 지나가는 이들 모두 불러들였지

텃밭에 감나무 배나무 살구나무 모과나무 빙 둘러서서 지켜주는 궁전보다 풍요롭던 꽃 대궐, 집을 둘러싼 왕대나무밭은 동네 아이들 놀이터였지 엄마의 꿈이 자라던 터전, 탱자 울타리 둘러쳐진 그 넓은 대밭에서 하늘 소리가 시키는 대로 알 두 개를 마시고 너희 둘을 낳았지

알에서 나온 혁거세의 후손, 혁거세 할아버님보다 더 큰 일을 할 네게 어제런듯 생생한 그 목소리 들려주리 알을 깨치고 나온 너 새로운 세계가 있다는 신앙을 가진 너 또 하나의 새 세상 열어갈 너에게

저 산에 강물에

아버지 산소 그늘
진달래꽃그늘에 앉아
진달래꽃전을 부치고
진달래꽃술을 마신다

은저휴래향만구銀箸携來香滿口
은수저로 집어서 입에 넣으니
입안이 가득 향기롭구나

아버지가 달필로 써주시던 선인의 시를 읊어본다
어느새 곁에 와 앉아 읊어주시는 아버지 목소릴 듣는다

저기 남강물 푸르게 흘러가는 먼 훗날에도
이 언덕에 아이들 뛰놀고 꽃은 피어나리라
저 산에 저 강물에
봄풀의 이별눈물도 넘쳐흐르리라

질마재 기다림
— 미당 서정주 풍으로

뻐꾸기만 천지사방 울려놓고
질마재 골째기에
국화꽃만 서리 속에 피워놓고

시인은 어디 가서 숨바꼭질 하고 있나

보리누름에 금녀와 달음박질 하나
왼 몸이 달아서 달음박질 하고 있나

온 마을이 뚜왈랄랄 나팔 부는 간통사건
덩달아 내달아서 하늘의 구름사탕이라도 먹고 있나

구름마차 타고 비 엉기는 도솔천에 올라
선덕여왕 만나는 지귀志鬼가 되었나

천 길 땅 밑을 검은 물로 흐르는 춘향을 얼싸 안고
이도령이 되어 있나

뻐꾸기는 천지사방 울어쌓는데
돌아와 거울 앞에 서 있는 날 혼자 놔두고

즌 밤의 꿈도 연꽃 만나고 가는 바람도 저 혼자 놔두고

신화 속의 시인은 언제 돌아오나
질마재 고운 눈썹은 기다리고 있는데,

* '질마재 신화마을'을 만들고 싶다는 서정태 시인의 바람을 듣고.

마른 새우등

너댓살 무렵 나는 깔끔쟁이였다

앞집 철이가 제 동생이 똥 쌌다고 우리 집 누렁이를 데리러 왔다 우리 누렁이 똥 먹이면 똥개 된다고 나는 개를 쫓고 철이는 나를 쫓고 셋이서 온 집을 뱅뱅 몇바퀴 돌다가 약 오른 철이가 나를 밀어버렸다 나는 그만 개수물통에 이마를 찧고 넘어졌다 피 철철 흐르는 나를 업고 엄마는 단숨에 산고개를 넘었다 등 너머 사는 의사한테 1초라도 빨리 가야 한다고 길도 없는 가시밭길을 온몸 긁히며 넘었다

길도 없는 세상의 가시밭길에 내동댕이쳐진 몸, 온 맘에 멍이 들어 절룩이며 돌아온 검은 밤, 젊은 엄마의 따스한 등에 엎혀 또 한 번 코를 비비며 꽃잠 들고 싶다

이고 지고 오던 세상꽃들을 다 내려놓고 잠드신 구순 엄마의 구부러진 마른 새우등을 뒤에서 가만히 안아본다

14세 안소저

부엉이가 뒷마당까지 내려와 울고 먼 산 두견이 울음에 까닭 없이 방문을 열어보는 지리산 자락, 산청의 겨울밤이면 14세 안소저는 상 앞에 단정히 앉아 가는 붓에 먹물 듬뿍 찍어 세로로 잘게 써내려갔다

장화홍련전 심청전 춘향전 숙영낭자전 며칠 밤을 꼬박 앉아다 쓰고 나면 맨 앞장에다 '14세 안소저 씀'이라 새겨놓았다 귀한 조선종이 두 겹 접어 두툼하게 묶어 송곳으로 뚫고 종이를 배배꼬아 철끈 삼아 오라버니가 엮어 만들어준 다섯 권의 책

시집살이 살림살이, 만주로 봉천으로 다른 여인 품으로 바람처럼 떠도는 남편 두루막자락에 부뚜막 지름불씨가 꺼져 산너머 등너머 눈바람에 목젖까지 시려올 때도 손가락에 침 묻혀 넘겨보고 또 보며 웅얼웅얼 읊어보면 그녀는 산청의 맑게 솟는 우물물에 달님 동무하여 땋은 머리 비춰보며 꿈꾸는 14세 안소저가 되었다

먼 바다 파도가 일고 마른 흙밭에 된바람 불어가도 초가지붕 눈물이 녹아내리는 따스한 봄햇살 먹고 자라난 품안의 자식들 다 제 짝 찾아 날아가고 혼자 남은 덩그런 집,

>

 모처럼 곁에 앉은 막내딸, 내일이면 또 깃털처럼 날아가버릴 바람의 손을 잡고 다 닳아 부풀어 오른 닥종이 책장 넘겨보는 거친 손가락, 끊어졌던 머리속 세포가 이어져 잠시잠깐 맑아지는 눈에 돌아오는 별빛, 돌아가 보는 그 산동네 옛집의 댓돌 위에 14세 안소저 댕기머리가 나폴댄다

 아흔 일곱의 안소저 몇가닥 안 남은 흰머리카락이 흔들린다

사투리로 운다

강냉이 씨를 뿌렸다
무갑산 기슭의 비알밭
잔돌 큰돌 주워내고 북을 돋워주었다

어느새 나보다 키가 더 자란 강냉이대궁 사이에 서서
나도 한 포기 푸른 강냉이로 가만히 물오르면
펄럭이는 잎사귀 귀에
풀국새 울음소리 들린다

풀국~풀국 풀국~풀국 지집~죽고 자석~죽고
헌누~데기 걸쳐~입고 이집~저집 다니~면서
집집~마다 문전~걸식 내하~문채 우찌~살꼬

혼자 빈집 지키는 꼬맹이
꽃신 사오마 손가락 걸고 장에 가신 엄니 기다려 눈이 빠지는,
뒷산 모롱이 오솔길에 장꾼들도 끊어지고
산그림자만 어둑어둑 귀신발소리 다가오는 저녁답에
대밭머리 와서 애가 터지게 울던 그 풀국새

무갑산 솔숲머리 와서

옥열리 무근절* 사투리 그대로 울고 있다

넓은 잎사귀 귀에 내려앉는 정다운 사투리에
사각사각
노란 강냉이가 익어간다

알록달록 꽃신 한 켤레 들고
비알밭 둔덕으로 젊은 새댁 엄니가 걸어오신다

* 필자의 고향마을(경남 함안군 대산면 옥열리 산골짝동네).

지동댁 셈법

야야 니 올개 멫살 묵었노?
행님은 멫살인교, 내가 행님보다 나이 많은교? 작은교?

너거 아들은 올개 멫살이고? 장개 보내야지
뒷집 수동띠기 밭 갈던 날 안 났능교? 그기 운제더라?

등너머 시집 간 너거 딸은 운제 한번 온다 카더나?

암탉이 골골 알 괴고 있는데
빙아리 까끈 온다카데요

지동댁이 멫살인지
지동댁네 아들이 멫살인지
아는 사람은
요기로 전화 해 주세요

아바타를 만들다

외할매 제사 지내러 가고 엄마가 없는 집

내가 차려드리는 밥상을 아버지는
두어 숟갈 뜨는 둥 마는 둥 물리셨지

밥맛이 없다고, 반찬이 없다고,
생전 안 하던 반찬투정을 하셨지

회의다 모임이다 바깥에만 돌아치는
내 얼굴이 없는 식탁에서
남편은 오늘도 라면으로 저녁을 때우겠지
텅 빈 부엌 벽에게 반찬투정을 하겠지

어쩌랴,
내일부턴 아바타라도 만들어 앉혀놔야겠다

사람이 됐는데요

"우리 진희는 언제 사람될꼬"
"사람이 벌써 됐는데요"
(햇살 바른 양지녘
할머니와 손자의 대화에 절로 마음 화안해져)

태어나는 순간
사람이, 참사람이 된 아이야

저 넓은 바다 높은 산
마음껏 오르며 노저어
큰 빛이 될 아이야

노 젓는 네 등 뒤
한 줄기 바람 되고
돌아보면 시시때때 마음 훈훈해지는
따뜻한 그림 하나 새겨두려고

추운 거리에서
한뎃잠 자며 부르는 영혼들

시린 목소리에 돌아보며
더운 마음돌 하나 서낭고개 위에 올려놓는다

보름달의 이사

잠자리 날고
거머리가 기고
풀벌레 울음 잦아지던 곳
보름달 놀이터에 내려와 함께 그네 타던 곳

다섯살, 일곱살 아들딸과
미꾸라지 잡고
엷어진 가을햇살 사이 엎드려 알밤 줍던 양지마을

이제 이사를 가야한다

이 집에 이사 와서 아들딸 낳고
해마다 안방 벽에 두 아이 키 재어 눈금 새기며
이십 년 둥지 틀던 은행나무
노란 알알이 따뜻한 꿈이 영글던 곳

이제 이사를 가야한다
뒤꿈치 닳아빠진 신발짝과
모서리 닳아버린 장롱짝과
등허리 굽은 그림자를 데리고,

\>
불도저 삽날에 폭삭 내려앉을
정든 보금자리
뒤돌아보며, 보며
새 보금자리 찾아 떠나는 철새가 돼야한다

찌륵찌륵 개골개골

먼 이국땅에
푸른 그림 찾아 떠난 아이들
어린 발자국 찍힌 양지마을 들녘에
혼자 와서 듣는 풀벌레 울음소리

아빠가 찌르륵하면
엄마가 찌륵찌륵
애기가 까르륵하면
누나가 또륵또륵

여기서 개굴하면 저기서 개골개골
마침내
온 벌판 개구리가 화음을 맞추는,
풀벌레도 개구리도 혼자가 아니다

배릿한 젖내음 다시 안아보는 팔 안에
찌륵찌륵 개골개골
혼자가 아니다

별로 꽃으로

가을하늘의 맑음과 푸르름 앞에 서면
우리도 한 떨기 별이 됩니다

사랑하는 사람과 헤어져 저 거센 바람 속으로 그대를 보내는 일도
그리운 사람을 애타게 그리워하는 일도
가을날에는 모두 말갛게 씻기고 씻겨서
별로
꽃으로
가슴 그득한 꿈으로 솟아서
물꽃
불꽃
하얗게 타오릅니다

지난 시간의 기쁨, 아픔과 정열을 모두 색칠해
스스로 불타오르는 단풍의 계절
가을날의 맑은 하늘 아래 서면
우리도 한 떨기 투명한
뼈의 별이 됩니다
꽃이 됩니다

휘파람의 집

그 산기슭 대밭아랫집에는
지금도
눈빛 맑은 소녀와 소년이 살고 있다

머리칼 흩날리며 숨차게 고개 넘어
대밭가만 뱅뱅 돌던 그 아이
소리도 안 나는 휘파람이 살고 있다

감꽃 필 때 지우고 또 쓴 편지
붉은 감잎 다 지도록
책가방 속에서 닳아만 가던 이름

빛나는 눈동자의 소녀와 소년이
상기도 돌아와 서성이는 그 산기슭집에는
엇갈린 휘파람이 살고 있다

클림트를 기다리며

낯선 꿈속으로 들어간다
기다려도
손길 닿지 않는다
푸른 칡넝쿨만 온 몸 휘감는다

'키스'*를 기다리는 연인이 되어
들판 가득 붉은 자운영 꽃덤불 깔아놓고
바람 발자국소리 귀 기울인다

나날의 햇살은 기다림에 자기를 가두는 감옥
꽃잎마다 반짝이는 별들 눈동자
별꽃, 달꽃 가득 핀 들판에 꿇어앉아
기다리고 또 기다린다

안개 자욱한 우물 속엔 줄기줄기
질긴 칡넝쿨만 자라난다

세모 네모 마름모꼴 줄기줄기
낯선 꿈만 자라난다

* 구스타프 클림트(1862-1918)의 그림.

돈키호테 일기

뚜껑에 하얀 별이 떠있는 만년필
결혼할 때 반지 대신 주고받은 예물

언젠가 꽃 피는 봄날 오면 고개 들어 별을 그려 볼거라고,
잘 싸서 넣어둔 그 만년필
어느 가을날 문득 책상 서랍을 다 엎어놓고 찾아도
없다

깊숙한 골방에 꼭꼭 쟁여둔 보물상자
바람비에도 흔들리지 않던 새파란 꿈의 꽃봉오리
무성하던 검은 머리카락들

내 몸의 서랍을 다 엎어놓고
늘어난 비곗살 주름마다
삐걱이는 뼈마디 닳아버린 바큇살 갈피마다 찾아도
없다, 어디로 흔적 없이 사라졌을까?

헛꽃만 피우다 사위어간 해와 달
잃어버린 별을 찾아 떠나야겠다
이룰 수 없는 꿈 돈키호테가 되어

말라깽이 산초 판사*를 데리고,

* 돈키호테의 충실한 종자.

해설

운문호일雲門好日의 시와 언어의 통어력

김종회 문학평론가·경희대 교수

운문호일雲門好日의 시와 언어의 통어력

김종회 문학평론가 · 경희대 교수

　이혜선은 경남 함안에서 출생하여, 1981년 문단에 나온 이래 시인이요, 평론가요, 문학 단체의 대표 또는 임원으로 다양한 활동을 보여주었다. 지금껏『새소리 택배』,『神 한 마리』,『바람 한 분 만나시거든』등의 시집과『문학과 꿈의 변용』,『이혜선의 명시 산책』등의 평론집, 그리고『New sprouts within You』라는 제호의 영역 시집을 상재했다. 여러 문학상을 수상했고 지금도 활발하게 시를 쓰는 현역 시인으로서 글 쓰는 이의 복을 다각적으로 누리는 경우에 해당한다. 그가 다시『운문호일』이라는 새로운 시집을 세상에 내놓는다.
　그의 시는 늘 그래 왔고 앞으로도 그러할 터이지만, 쉽고 정갈한 언어로 우리 내면의 깊이 있는 바닥을 두드려 보고 그로부터 뜻있는 정신의 힘을 발굴하는 특유의 발화법에 의거한다. 그처럼 겉으로 드러나 보이지 않으나 분명히 존재하는 힘의 파장은, 체험적 인생론의 깨우침을 넘어 자연 친화의 사상으로 그 영역을 넓혀 나간다. 이를테면 평범하고 소박한 것 가운데서 우주의 섭리를 감각하는 지점에 이르는 증폭의 시학이 형성되는 셈인데, 이는 세상살이의 연륜이 일정한 단계를 지나 원숙한 눈높이를 수득한 이에게서 비로소 볼 수 있는 지경이다.

    코이라는 비단 잉어는

    어항에서 키우면 8센티미터밖에 안 자란다

    냇물에 풀어놓으면

    무한정 커진다

    너의 꿈나무처럼.

    —「코이법칙」전문

'8센티미터'와 '무한정' 사이의 상거相距는 기실 한 개인의 작은 가슴과 광활한 우주의 범주만큼 먼 것이지만, 그것은 모두 이 시인의 눈길이 도달할 수 있는 곳에 있다. 물리력의 눈이 아니라 심경의 눈으로 보는 까닭에서다. 그리고 그와 유사한 거리재기의 규범을 가진 삶의 양식이 무슨 느낌표처럼 던져져 있다. 곧 '너의 꿈나무'다. 어느 누군가 그 마음 밭에서 가꾸는 꿈을 나무의 형식으로, 이처럼 간결하고 압축적이며 명징하게 언표하기란 실로 용이한 일이 아니다. '해돋이'와 '해넘이'의 형용을 남자의 눈짓이나 여자의 한숨에 결부하는 시어의 용법도 이러한 묘사의 기량과 닮아 있다.

그 인사동 포장마차 술자리의 화두는
'흘린 술이 반이다'

연속극 보며 훌쩍이는 내 눈, 턱 밑에 와서
"우리 애기 또 우네" 일삼아 놀리던 그이
요즘 들어 누가 슬픈 얘기만 해도 그이가 먼저 눈물 그렁그렁
오늘도 퇴근길에 라디오 들으며 한참 울다가 서둘러 왔다는
그이

새끼제비 날아간 저녁밥상, 마주 앉은 희끗한 머리칼
둘이 서로 측은히 건네다 본다

흘린 술이 반이기 때문일까
함께 마셔야 할 술이
반쯤 남았다고 믿고 싶은 눈짓일까
안 보이는 술병 속에,
—「흘린 술이 반이다」 전문

    노년의 부부가 마주 앉은 식탁은 쓸쓸하다. 둘이 서로 측은히 건네다 본다. 그런데 그 중 한 사람이 없고 보면 이와 같은 쓸쓸함은 더운 날 마른 바닥의 물기처럼 증발할 것이다. 그러한 정한情恨의 감정이 응결한 여지조차 증발하기 때문이다. 노년의 의지依支와 위로가 남아 있을 때 '흘린 술이 반이다'는 그동안의 인생에 대한 성찰이요, 위무慰撫다. 이러한 삶의 경륜과 시적 표현

은 그야말로 오랜 세월을 대가로 지불하고 얻을 수 있는 수확이
다. 이 시인의 세월이 그 연한을 이루었고, 동시에 원활한 문필
의 조력으로 그 소출을 함께 공유할 수 있게 되었다는 뜻이다.

> 찰진 아라가야 깊고 깊은 진흙 속에 내 몸을 묻고
> 그대 오실 날만 헤며 기다렸지요
> 그리 깊었던가요
> 내 속에 그댈 품고 잠든 날들이,
>
> (중략)
>
> 칠백 년 쉬임없이 쇳물 피워 올린 아라가야 꽃불 속에 나 비
> 로소
> 눈 뜨는 오늘
> 이 순간을 바라 캄캄 시린 어둠 밝히며
> 숨을 멈추었지요
> 하늘 품는 꿈 밖의 꿈을 꾸었지요.
> ―「아라홍련 꿈 밖의 꿈」 부분

세월과 세월의 중첩, 그 너머로 끝없이 펼쳐진 영겁의 시간
을 시인은 모두 알지 못한다. 그러나 그 세월의 밖 세상의 밖에
또 다른 세월과 세상이 잠복해 있음을 알기는 그다지 어렵지 않
다. 지금 여기, 오늘의 현실이 바로 그 연장선상에 있기에 그렇
다. 항차 이를 증명할 물증 또한 시인의 눈앞에 있다. 700년 전

고려시대의 연씨가 발아하여 피운 연꽃, 아라홍연이 시인의 향리 함안 성산산성의 연못에서 수습되었던 터이다. 여기 시인에게서 시 한 편이 없을 수 없었다. 그것은 '꿈 밖의 꿈'에 이르는 세계다. 지금껏 가꾸어 온 이 시인의 세계는 스스로의 사고를 우주적으로 개방하고 창랑滄浪과 같은 노래로 이를 응대할 자격이 약여하다.

시인에게 있어서 동서고금을, 종횡하는 시간은 선형성의 개념을 넘어 비선형성의 차원으로 진입한다. 그렇게 규격화의 함정에서 일탈하고 또 복합적이며 중층적인 시간관과 세계관에 충일해 있을 때, 아라홍연은 저 고색창연한 고대사회의 꽃이 아니다. 시인은 시적 마법의 날개로 이 시간적 공간적 격리를 넘어 각기 두 시대에 예속된 홍연의 의미를 통합하여 바라본다. 마치 두 개의 렌즈가 하나의 초점을 응결하여 선명한 초상을 도출하는 형국이다. 그는 이를 '꿈 밖의 꿈'으로, '그대와 나, 우리 아이들이 달려갈 영원한 아라가야 새하늘 새땅'으로 호명했다.

이렇게 일탈과 통합을 함께 운용하는 시인의 통어력은, '웃녘 저수지에 해 머금은 명왕성이 뜬다'(「명왕성이 뜬다」)나 '길 없는 길 기어오르는 디오게네스달팽이'(「디오게네스달팽이」)와 같은 시편들에서도 동일한 시적 유형을 지속한다. 시인의 사유를 부양하는 불교적 사상과 상상력에 힘입은, '보이지 않는 흰 불꽃 한 송이가 피어나요'(「色을 먹고 空을 낳다」)와 같은 시어의 조합에서도 이 통어력의 언어문법은 동일하게 적용된다. 그런가 하면 시인의 시 세계, 다른 시집들에서도 언제나 그 바탕에 잠복해 있는 '불이不二'의 수사가 곧 이 표현법의 도식을 말하는 것이기도 하다.

　　닭튀김을 먹고 남은 뼈를
　　뒷마당에 널어 말린다

　　맑은 가을볕손가락이 뼈들을 바짝 바짝 말린다
　　길고 짧은 뼈들을 속속들이 말린다

　　제자들과 길을 가던 석가모니는
　　길가의 마른뼈 무더기를 보자 그 앞에 절했다지
　　몇 생 전 부모의 뼈인지도 모른다고
　　검은뼈 흰뼈 삭은뼈 덜 삭은뼈에 공손히 절했다지

　　나도 오늘
　　말라가는 닭뼈에 마음으로 절한다
　　몇 생 전 부모님 뼈,
　　몇 생 후의 나의 뼈,

　　굽이굽이 휘어지는 강물의 흰뼈가 보인다
　　산비탈 오르며 미끄러져 주저앉는 뒷모습
　　굽어진 구름의 등뼈가 보인다

　　바람 든 이승의 무릎 꿇고 다시금
　　마른 닭뼈에 절한다

— 「운문호일, 마른 닭뼈」 전문

'운문호일雲門好日'은, 1135년 경에 만들어진 고전적인 선학의 문답 공안집『벽암록碧巖綠』의 제6칙에서 가져온 말이다. 운문화상이 대중들에게 설법하기를 15일 이후의 일에 대해 묻고는, 스스로 '날마다 좋은 날日日是好日'이라고 말했다. 날마다 좋은 날이 되도록 해야 한다는 가르침을 담은 이 구절을 그대로 옮겨오면 '운문일일호일雲門日日好日'이 될 것이나, 시인의 그 약어로 축약한 '운문호일'을 자신의 화두로 선택했다. 날마다 좋은 날이 되도록 해야 한다는 삶의 가르침은 올곧은 종교가 마땅히 개진할 중생 교화의 길일진대, 시인이 이를 시의 화두로 삼는 일은 종교적 사상성과 삶의 실상을 두루 연계하여 그 깨우침의 눈으로 세상을 관찰하려는 의도를 포괄한다.

이 사유와 표현의 방식은 지금까지 일관해 온 시인의 시적 행보, 깊이 있는 정신의 힘이나 우주의 시공을 넘나드는 통어력과 조화롭게 악수한다. 일찍이 석가모니가 마른 뼈 무더기 앞에서 절을 했다는 고사가 오랜 세월 저편 이야기의 갈피에 묻힌 과거사로 끝나지 않는다. 시인은 오늘에 이르러 여름날 맥고모자처럼 흔한 닭튀김 먹고 남은 뼈를 말리고 그 앞에 마음으로 절한다. 그 숙배의 의미가 무엇이든, 옛날과 닮은꼴이든 그렇지 않든, 시인은 '강물과 구름과 바람'의 뼈를 적시摘示하는 눈을 얻었다. 그처럼 새롭고 경이로운 개안開眼이 없고서, 날마다 좋은 날이기는 어려울 것이다.

정신과 영혼의 경지가 그렇게 지고한 수준으로 승급을 거듭할 때, 그것을 현현顯現하는 수단은 극히 일상적이고 주변적인 것에 있다는 것이 시의 묘미다. '내 영혼갈피를 기어다니는 소리들'(「흰 눈 푸른 눈」)이나 '꽃이 진 자리마다 돋아나는 새싹'(「새싹이 돋는 이유」), 그리고 '연분홍 꽃등불 밝히고 서 있는 살구나무 한 그루'(「화음」) 등이 모두 그와 같은 매개의 형상으로 시 속에 살아 있다. 작은 것과 큰 것, 가까이 있는 것과 멀리 있는 것, 보이는 것과 보이지 않는 것이 하나로 일통一統하는 시적 감각이 이 시인의 것이다. 그의 시들은 그렇게 명민하고 또 넓은 시야로 천지간을 가로지르는 감성의 섬광을 발산한다.

너를 향한 내 마음이
새 전투복을 갈아입는다

연분홍 탄환 가지마다 장전하고
굳어 가는 너의 사랑핏줄 향해 일제히
기총소사!

검버섯 핀 나이테 골골이
하얀 핏방울 낭자하다

핏방울 하얀 너울 속으로
쟁강쟁강
오색 별들이 뛰어내린다

연분홍 벚꽃탄환, 모두 명중이다
— 「벚꽃탄환」 전문

 시인은 가장 화사한 꽃무리에서 가장 날카로운 기관총의 사격을 이끌어 낸다. 시의 서두에 '너를 향한 내 마음이 새 전투복을 갈아입는다'라고 경고하고 '굳어 가는 너의 사랑핏줄 향해' 사격의 정황을 연출한다. 그런데 그 '연분홍 벚꽃탄환, 모두 명중'이다. 아름다운 풍광에 가장 엄혹한 이미지를 덧입힘으로써 분분한 낙화의 경관에 도발적 이미지를 제기하는 참신한 시각이 여기에 있다. 불가의 색즉시공 공즉시색色卽是空 空卽是色에 익숙해 있는 시인의 세계관과, 그 장중한 의미망을 일상성의 시에 장착할 수 있는 언어 조형력이 합력하여 산출한 명편의 시다.
 그런데 만일 이 시인의 세계가 세속으로부터의 일탈과 선경仙境의 소요를 통해 그 터전을 일구었다면, 시 읽는 이들이 경이로운 시적 장면들을 목도할 수 있을지언정 흔연한 마음으로 시의 맥류에 침윤하기는 어려웠을 것이다. 시인은 시종 세상살이의 숨결이 배어 있는 세속의 저자거리를 포기하지 않는다. 그의 시에서 산山은 그 기슭에, 사타구니에 사람들이 사는 동네를 품는다.(「사람의 마을」) '의좋은 형제들처럼 포개져 누워 있는 겨울 다랑논'이나 '어깨를 겯고 앉아 있는 마을의 지붕들'(「다랑논 식구들」)은 그림처럼 정겨운 생명의 현장이다. 그러기에 그의 시는 '동학사 입구 미타전에 핀 단풍잎'이나 '새벽빛 머금고 불타는 노을'(「봉정만리」)에서 사람 사는 일의 양양한 전도를 유추한다.
 이러한 시적 인식과 상상력은 여일하게 불교 사상의 그림자

를 그 저변에 깔고 있다. 익히 아는 바와 같이 불교는 청빈사상淸
貧思想의 종교다. 가진 것을 나눔으로써 반대급부에 있어서는 오
히려 마음이 부자가 되는 형이상의 법칙을 추구한다. 낙안군수
류이주가 운조루運鳥樓에 설치한 뒤주에 '타인능해他人能解'라고 써
놓고 누구나 열어서 쌀을 가져가게 했다는 고사를 시로 쓴 것이
「타인능해」다. 우리나라 창세신화의 대모신大母神 '마고할미'와
고대 시리아의 여신 '할라프 어머니'를 연대하여, 아들딸을 세상
에 다 낳아놓고서 "너희 양식은 걱정 말아라, 내 몸을 먹고 크기
만 해라"라고 이르며 마지막 남은 자기 몸까지 다 바치는 신화를
재창조 한 것이「마고할미」다.

  그런가 하면 그의 시는 '불도저 삽날에 폭삭 내려앉을 정든
보금자리'를 두고 '새 보금자리 찾아 떠나는 철새'(「보름달의 이
사」)와 같이 삶의 근거를 박탈당하는 철거 이주민의 아픔을 가
슴으로 나눈다. 트리나 포올러스의 동화「꽃들에게 희망을」에서
그 의미를 차용해 온 시「불이, 트리나 포올러스의 애벌레기둥」
에서는 이 아프고 슬픈 이들의 나눔을 '곱추 사내와 난쟁이 여인'
으로 형상화한다. 이 시인이 펼쳐 보이는 천의무봉天衣無縫의 시
적 상상력은 이렇게 선량한 의지와 열린 마음을 견지하고 있기
에 물량으로 견주지 못할 값이 있다. 지인을 화장하여 한 줌 재
로 만들고 그를 작은 항아리의 벽 속에 혼자 두고 오는(「벽」) 화
장터의 시인은, 이 마음의 소유자이기에 동시에 웅숭깊은 감응
력을 촉발하는 진혼곡 시의 주인이다.

    아버지 산소 그늘

진달래꽃그늘에 앉아
잘달래꽃전을 부치고
진달래꽃술을 마신다

은저휴래향만구銀箸携來香滿口
은수저로 집어서 입에 넣으니
입안이 가득 향기롭구나

아버지가 달필로 써주시던 선인의 시를 읊어본다
어느새 곁에 와 앉아 읊어주시는 아버지 목소릴 듣는다

저기 남강물 푸르게 흘러가는 먼 훗날에도
이 언덕에 아이들 뛰놀고 꽃은 피어나리라
저 산에 저 강물에
봄풀의 이별눈물도 넘치리라
― 「저 산에 강물에」 전문

문득 시인은 자신의 향리 인근에 있는 남강 언덕에 앉았다. 아버지 산소 그늘, 진달래꽃 그늘에서 꽃전을 부치고 꽃술을 마신다. 흥취로 말하면 이보다 더할 데가 없고 호사로 말해도 이보다 더하기 어렵다. 꽃 꺾어 산算 놓고 술잔을 기울이는 도저한 주도酒道는 옛 조선 선비들의 풍류였다. 시인은 그 자리에서 '먼 훗날의 아이들'을 내다본다. 아주 의고적인 방식으로 사뭇 미래지향적인 시상을 담았다. 그 자신이 아버지로부터 왔기에 앞날의

강 언덕이 어떠해야 할지를 언술할 소임이 있다. 스승이었던 미당의 시를 빌어 와서 '질마재 신화마을' 구상에 반사해 보는(「질마재 기다림-미당 서정주 풍으로」) 시인의 태도 또한 이 역사성의 중계자임을 자임하는 일이다.

지금까지 공들여 살펴본 이혜선의 시는 과거와 미래, 우주 자연과 세속적인 인간의 삶, 일상의 경물과 깨달음의 세계, 대승적 승급과 구체적 서정의 자리를 대칭적으로 또는 포괄적으로 통합하여 보여주고 있었다. 그의 이 시집을 관류하는 중심 줄기는 정신과 영혼의 조화로움을 지향하는 언어의 통어력으로 요약될 수 있겠다. 특히 불가의 법문에서 그 의미를 얻은 '운문호일'은, 이와 같은 시 정신이 한갓 도상圖上의 언어유희로 그치지 아니하고 실제적인 삶의 처소에 탄력적으로 작용하는 효율성을 꿈꾼다. 시가 삶의 힘이 되고 삶이 시로 풍요해지는 하나의 표본이기도 하다.

이제껏 여러 권의 시집과 평론집을 상재하고 또 여러 문학상을 섭렵한 현역 시인 이혜선의 시를 깊이 있게 읽는 것은, 그 자체로서 공감이요, 동시대 문화의 성취를 면대하는 기쁨이었다. 각기의 시집들이 끌어안고 있는 토속성, 역사의식, 불교적 화두 등을 보다 체계적으로 면밀히 고찰하는 일은 다음 기회로 미루어 둘 수밖에 없겠다. 우선 이번의 시집에 넘치는 박람강기博覽强記한 시상들을 좇아가기에도 분주했기에 그러하다. 이 시집은 그의 세계를 한껏 더 유장하고 웅숭깊은 곳으로 밀고 나갔다. 이를 목도한 흔쾌한 즐거움으로, 이제 또 새롭게 만날 그의 시들을 주목하며 기다려 보기로 한다.

이혜선 시집

운문호일雲門好日

발　　행　2017년 6월 10일
지 은 이　이혜선
펴 낸 이　반송림
편집디자인　김지호
펴 낸 곳　도서출판 지혜
　　　　　계간시전문지 애지
기획위원 반경환 이형권 황정산
주　　소　34624 대전광역시 동구 선화로 203-1, 2층 도서출판 지혜(삼성동)
전　　화　042-625-1140
팩　　스　042-627-1140
전자우편　ejisarang@hanmail.net
애지카페　cafe.daum.net/ejiliterature

ISBN : 979-11-5728-231-9 03810
값 10,000원

이 책의 판권은 지은이와 도서출판 지혜에 있습니다.
양측의 서면 동의 없는 무단 전제 및 복제를 금합니다.

이혜선

이혜선李惠仙 시인은 경남 함안에서 태어났고, 동국대학교 국문학과와 세종대학교 대학원을 졸업(문학박사)했다. 1980년~1981년 월간 『시문학』 2회 추천으로 등단했으며, 시집으로는 『神 한 마리』, 『나보다 더 나를 잘 아시는 이』, 『바람 한 분 만나시거든』, 『새소리 택배』, 『운문호일雲門好日』이 있다. 이밖의 저서로는 『문학과 꿈의 변용』, 『이혜선의 명시 산책』, 『New Sprouts within You』(영역시집(공저)) 등이 있고, 윤동주문학상, 한국 현대시인상, 동국문학상, 문학비평가협회상(평론부문), 한국시문학상 등을 수상했고, '세종도서 문학나눔'에 선정되기도 했다. 동국대 외래교수, 세종대, 대림대, 신구대 강사, 한국현대시인협회 부이사장, 한국시문학문인회 회장, 강동문인회 회장을 역임했고, 현재 동국문학인회 회장, 한국문인협회 이사, 국제 PEN한국본부 이사, 한국여성문학인회 이사, 한국시인협회, 문학의 집·서울 회원 등으로 활동하고 있다.

이혜선의 『운문호일雲門好日』 시세계는 과거와 미래, 우주 자연과 세속적인 인간의 삶, 일상의 경물과 깨달음의 세계, 대승적 승급과 구체적 서정의 자리를 대칭적으로 또는 포괄적으로 통합하여 보여주고 있으며, 이 시집을 관류하는 중심 줄기는 정신과 영혼의 조화로움을 지향하는 언어의 통어력으로 요약될 수 있다. 특히 불가의 법문에서 그 의미를 얻은 '운문호일'은, 이와 같은 시 정신이 한갓 도상圖上의 언어유희로 그치지 아니하고 실제적인 삶의 처소에 탄력적으로 작용하는 효율성을 꿈꾼다. 시가 삶의 힘이 되고 삶이 시로 풍요해지는 하나의 표본이기도 하다.

이메일 : hs920@hanmail.net